1914 (avril 3 4)

VENTE

DES

Vendredi 3 & Samedi 4 Avril 1914

A 2 HEURES

GALERIE J. & A. LE ROY FRERES

RUE DU GRAND-CERF, 6

BRUXELLES

TABLEAUX

DESSINS

TAPISSERIES

OBJETS D'ART, MEUBLES ANCIENS

Appartenant à un **Amateur**

et à **M. Jules DE PAUW**

EXPERT :

M. Arthur LE ROY

12, place du Musée, 12

BRUXELLES

BRUXELLES
IMPRIMERIE COOSEMANS
8, RUE BODENBROECK, 8
1914

CATALOGUE

DES

TABLEAUX

ANCIENS & MODERNES

DESSINS, AQUARELLES

DES ÉCOLES FLAMANDE, HOLLANDAISE, FRANÇAISE, ETC.

Porcelaines, Faïences

BRONZES, CUIVRES, FERS

VERRES, OBJETS VARIÉS

TAPISSERIES

Bois sculptés, Meubles anciens

Appartenant à un **Amateur**

et à **M. Jules DE PAUW**

DONT LA VENTE PUBLIQUE AURA LIEU

GALERIE J. & A. LE ROY FRÈRES

RUE DU GRAND-CERF, 6, A BRUXELLES

LES VENDREDI 3 & SAMEDI 4 AVRIL 1914

A 2 HEURES

Expert : M. Arthur LE ROY

Place du Musée, 12, à Bruxelles

EXPOSITIONS :

PARTICULIÈRE	PUBLIQUE
Mercredi 1er Avril 1914	**Jeudi 2 Avril 1914**

DE 10 HEURES A 4 HEURES

CONDITIONS DE LA VENTE

La vente se fera au comptant avec augmentation de dix pour cent.

L'exposition mettant le public à même de se rendre compte de l'état et de la nature des objets, il ne sera admis aucune réclamation, de quelque chef que ce soit, une fois l'adjudication prononcée.

On aura le plus grand soin des objets adjugés, sans toutefois répondre des accidents qui pourraient y arriver après l'adjudication.

Les acheteurs sont tenus de faire enlever leurs acquisitions immédiatement après chaque vacation.

ORDRE DE LA VENTE

Vacation du vendredi 3 avril

Du n° 1 au n° 129

Vacation du samedi 4 avril

Du n° 130 au n° 249

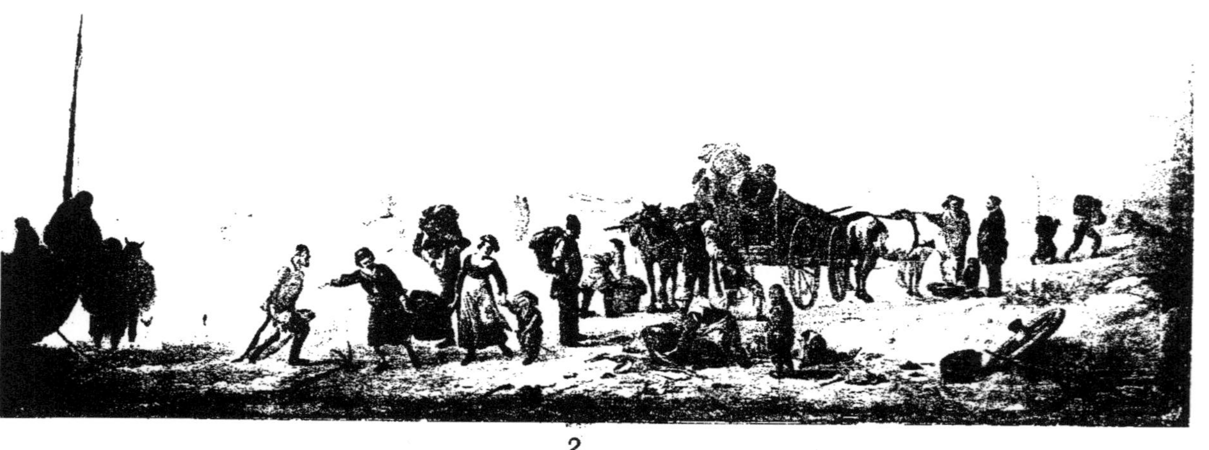

2

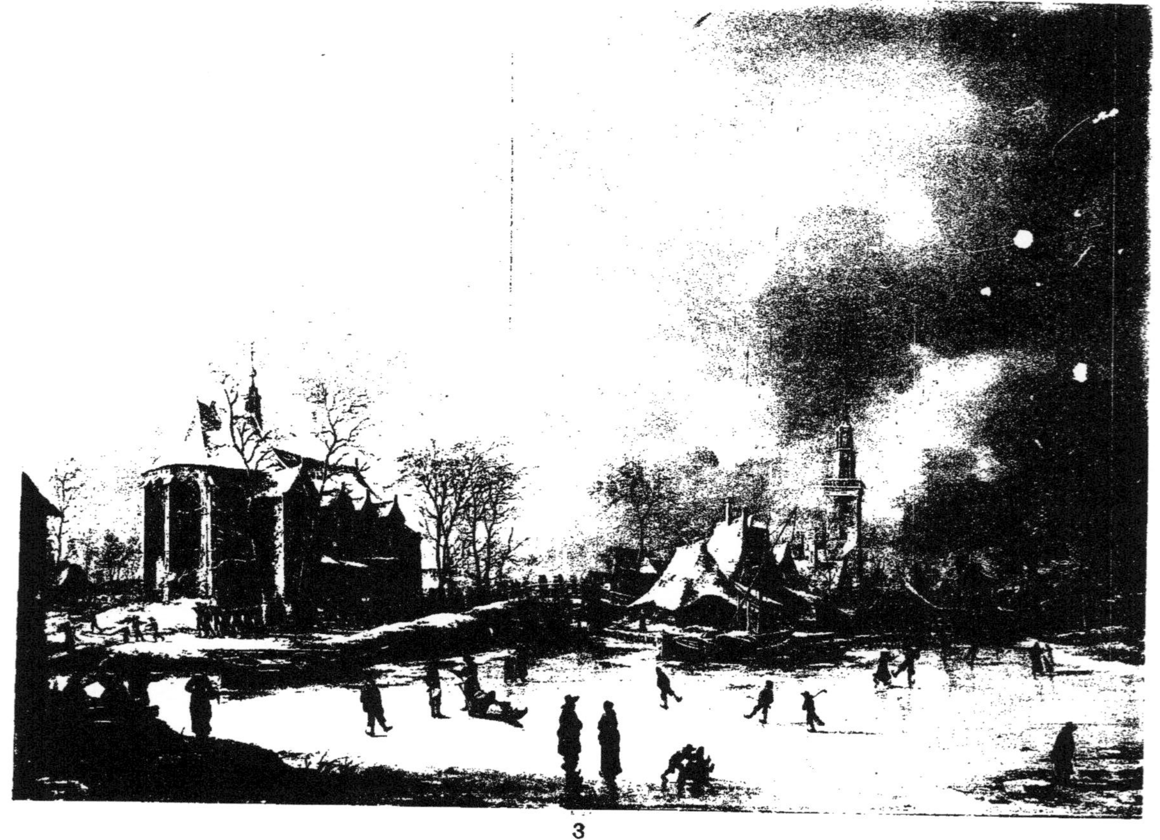

3

TABLEAUX ANCIENS

1 ALLAN (David)

Portrait du peintre.

Il est représenté en robe de chambre rouge, coiffé d'un bonnet noir, tenant un pinceau et regardant le spectateur.

Signé : David Allan.

Haut., 0,59. Larg., 0,48. T.

2 ASSELYN (Jean)

Le Retour de la pêche.

Sur une plage, une charrette attelée de deux chevaux vient chercher le poisson que les pêcheurs apportent pour y être chargé. Au premier plan, vers la gauche, deux femmes, vêtues de costumes aux vives couleurs, portent un panier et, non loin d'elles, une autre trie des poissons. Dans le fond, la mer, les dunes et une petite cabane.

Signé en bas, à droite, sur une planche : J. As... pinx.

Haut., 0,62. Larg., 0,92. T.

Voir reproduction.

3 BEERSTRAATEN (Jean)

Hiver.

Sur un canal gelé glissent des patineurs et des traineaux rustiques poussés par des enfants.

En avant, un homme et une femme se détachent sur la glace. Le canal traverse une ville hollandaise dont les quais sont garnis d'habitations et de spectateurs : à droite, la flèche d'une église : à gauche, sur le quai, on remarque un imposant cortège.

Signé en bas, à droite.

Haut., 0,90. Larg., 1,26. T.

Collection Le Roy d'Etiolles, Paris 1861.

Voir reproduction.

4 BERCHEM (Nicolas)

Paysage.

Dans un paysage accidenté, un berger italien monté sur un âne, joue de la flûte, tandis qu'une paysanne, qui l'accompagne, chante et danse. A gauche, non loin d'un tertre boisé, un berger, près d'une villageoise et d'un jeune garçon, joue de la cornemuse en gardant son troupeau. A droite, une rivière et des collines verdoyantes.

Signé à gauche : Berchem.

Haut., 0,57. Larg., 0,72. T.

Collection du comte Stefan von Keglevitz.

5 BLOEMAERT (Abraham)

Jésus guérissant un enfant malade.

Une femme éplorée apporte son enfant au fils de Dieu. A côté de ce groupe, un enfant, les mains jointes, un homme et une vieille femme regardent Jésus. Dans le fond, trois personnages.

Haut., 1,33. Larg., 1,78. T.

6 BREUGHEL (Pierre) le jeune

Le Cortège nuptial.

Sous un doux ciel d'été le cortège, précédé de deux joueurs de cornemuse, se dirige en deux longues files vers l'église qui s'élève à droite, au-delà des arbres et de quelques fermes.

Le cortège est arrivé, par un large chemin de sable, près du moulin.

Les femmes passent à l'avant-plan, précédées de la mariée qu'escortent deux pages; le groupe des hommes suit; le « maitre des cérémonies » précède le fiancé et son père.

Signé en bas, à droite : P. Breughel. 1630.

Haut., 0,73. Larg., 1,21. B.

Voir reproduction.

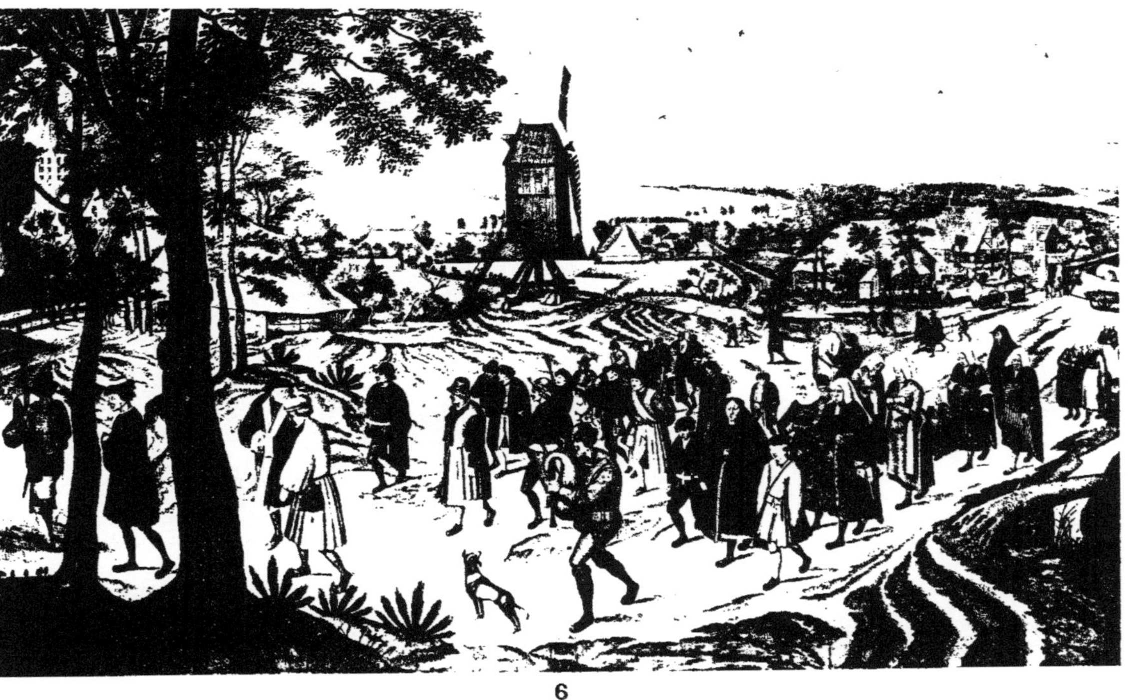

6

7 BREUGHEL (Pierre) le jeune

Intérieur de ferme.

A droite, près de l'âtre où pétille un feu de bois, au-dessus duquel est suspendue une marmite, un enfant est assis dans sa chaise.

Devant lui, vu de dos, se tient un homme les mains croisées; un villageois, assis sur un banc, converse avec deux personnages debout. Au fond, par la porte ouverte, on aperçoit la campagne.

Haut., 0,21. Larg., 0,33. B.

8 CALLOT (Jacques) Genre de

Pêcheur et Mendiante.

Haut., 0,18. Larg., 0,21. B.

9 COXCIE (Michel) Attribué à

Sainte Famille.

Dans un riant paysage à la lisière d'un bois, la Vierge, un genou en terre, près de l'Enfant Jésus debout, caresse l'agneau que Saint Jean porte dans les bras. Au fond, Saint Joseph faisant boire l'âne.

Haut., 1,35. Larg., 1,54. B.

10 DA PONTE (Jacques) Genre de

La Fuite en Egypte.

Visite de la Vierge à sa mère.

Deux pendants.

Haut., 0,90. Larg., 0,54. T.

11 DE KEYSER (Thomas) Attribué à

Portrait de gentilhomme.

Il est vu de face, coiffé d'un grand feutre noir à larges bords et vêtu d'un manteau en velours sur lequel se détache une large collerette. De longs cheveux bouclés encadrent son visage expressif.

Ovale. Haut., 0,13. Larg., 0,10. Cuivre.

12 DEKKER (Corneille)

Paysage.

Au bord d'une rivière sur laquelle voguent deux barques, se dresse, près d'un grand arbre aux frondaisons verdoyantes, une habitation aux vieux murs de briques.

Haut., 0,40. Larg., 0,30. B.

13 FLORIS (Frans) Genre de

La Circoncision.

Haut., 0,26. Larg., 0,19. Cuivre.

14 FRANCK

Résurrection de Lazare.

Esquisse.

Haut., 0,36. Larg., 0,25. B.

15 FRANCK

Adoration des bergers.

Haut., 0,40. Larg., 0,29. B.

16 LUNDENS (Gerrit)

Le Bénédicité.

Une femme et trois hommes, dont l'un debout, sont réunis autour d'une table sur laquelle est servi un grand plat contenant du jambon et des moules.

Au fond, à droite, sous le manteau d'une cheminée, une servante s'occupe du repas. Les quatre premiers personnages disent les Grâces.

Charmante production traitée dans la manière de Steen.

Haut., 0,29. Larg., 0,26. B.

Collection Edmond Paix. Douai 1887.

17 MAES (Nicolas) Attribué à

Portrait d'enfant.

La figure riante encadrée de blonds cheveux bouclés, il est debout, vêtu d'une jolie robe bleue à manches blanches. Arrêté dans un parc, près d'une pièce d'eau, il s'apprête de la main droite, qui tient une coquille, à donner à boire à un oiseau enchaîné, posé sur l'index de la main gauche.

Haut., 1,14. Larg., 0,79. T.

18 MICHAU (Théobald)

La Foire du village.

Au bord d'un lac arrive un grand nombre de vaisseaux apportant des marchands et leurs marchandises.

A l'avant-plan, divers groupes de cavaliers et une charrette attelée de trois chevaux.

Dans le fond une colline et des châteaux.

Haut., 0,33. Larg., 0,44. B.

19 MOUCHERON (Frédéric) et VAN DE VELDE (Adrien)

Le Parc.

Une cascade coule à gauche, dans une vasque de pierre.

Au premier plan, un couple galant se promène, suivi d'un page nègre qui porte un manteau rouge; deux chiens jouent auprès d'eux.

A droite, à l'entrée d'un bois, un joueur de guitare.

Signé du monogramme.

Les figures sont spirituellement touchées par Adrien Van de Velde.

Haut., 0,45. Larg., 0,41. B.

20 MOUCHERON (Frédéric)

Parc de château.

Paysage accidenté avec ruines et chute d'eau.

Deux pendants.

L'un est signé : Moucheron f^t 1677.

Haut., 2,45. Larg., 1,53. T.

21 NORTHCOTE (Jacques)

Jeune marchande de fruits.

Une jeune fille au teint coloré, regardant le spectateur, est assise sur une pierre. Elle est coiffée d'un large chapeau de paille, vêtue d'une robe brune recouverte d'un manteau et d'un tablier blanc. Elle tient les bras croisés sur les genoux.

Devant elle un grand panier en osier rempli de fruits variés : pommes, prunes, grenades et raisins. A côté se trouve couché un petit chien, que de la main droite elle tient négligemment par un ruban bleu.

Haut., 1,25. Larg., 1,00. T.

Voir reproduction.

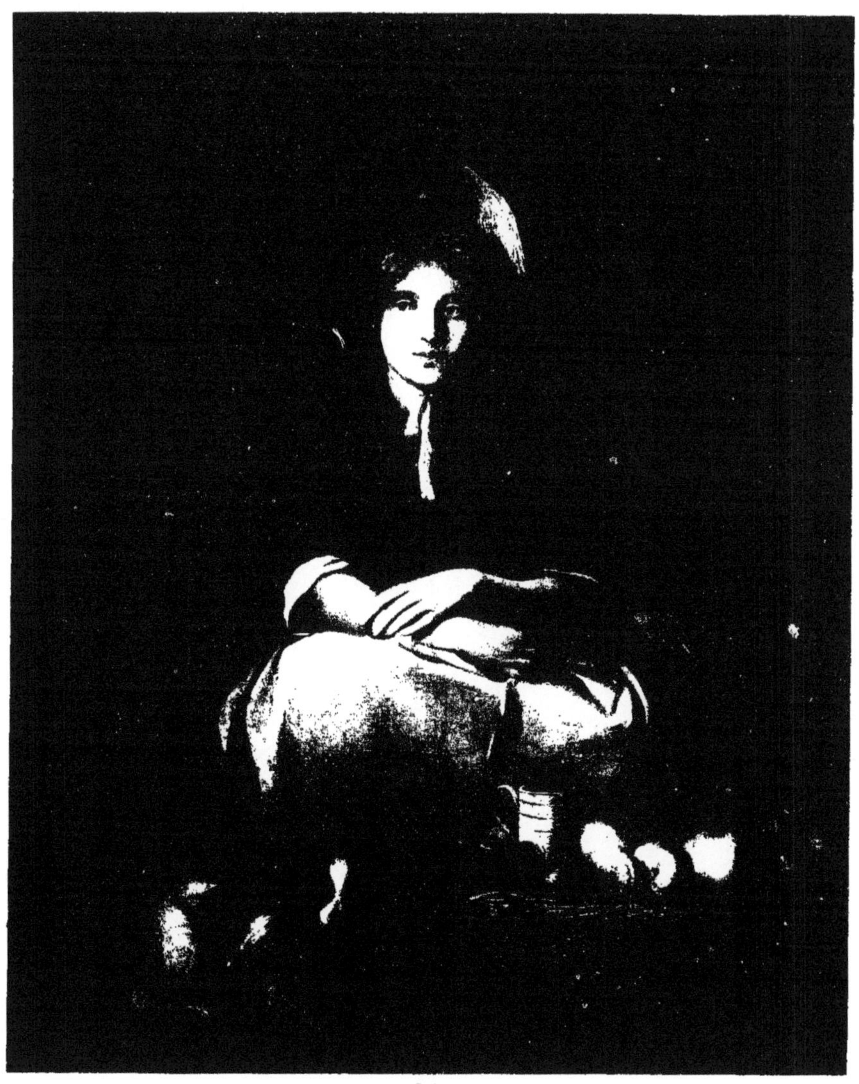

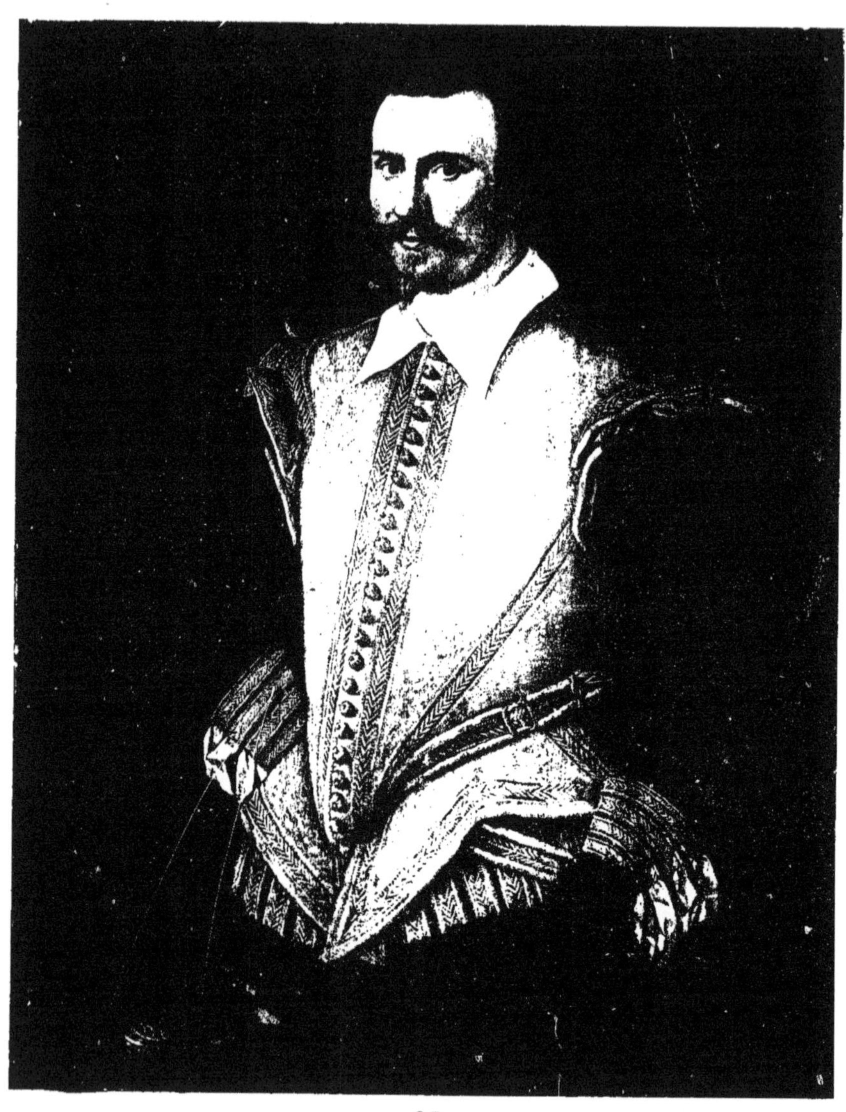

22 PALAMÈDES (ANTOINE) Genre de

La Partie de danse.

Haut., 0,48. Larg., 0,73. B.

23 PEETERS (BONAVENTURE) Genre de

Marine.

Haut., 1,02. Larg., 1,53. T.

24 POT (HENRI)

Bergère.

Elle est vue presque de face, tournée vers la droite, en corsage décolleté. De la main droite elle tient une houlette et de l'autre une couronne de fleurs.

Signé du monogramme, à droite vers le milieu.

Haut., 0,33. Larg., 0,26. B.

25 POURBUS (FRANÇOIS) Attribué à

Portrait de gentilhomme.

Vêtu d'un pourpoint jaunâtre à manches brun foncé galonnés d'or, la main gauche gantée s'appuyant à la garde de l'épée, la droite sur la hanche, il est vu à mi-corps, presque de face. Une montre est posée à droite sur le coin d'une table.

Haut., 0,96. Larg., 0,74. B.

Voir reproduction.

26 POURBUS. Ecole de

Portrait d'homme.

Ovale. Haut., 0,42. Larg., 0,36. T.

27 RIBERA (Joseph) Attribué à

Mater Dolorosa.

Figure expressive, les yeux levés vers le ciel. Elle tient la main droite contre la poitrine et de la gauche un livre d'heures. La tête est couverte d'un voile retombant sur les épaules.

Haut., 0,73. Larg., 0,61. T.

28 RUBENS (Pierre-Paul) Atelier de

Christ en croix.

Esquisse.

Haut., 0,55. Larg., 0,39. B.

29 RUBENS (Pierre-Paul) Ecole de

Portraits de deux jeunes filles.

Haut., 0,48. Larg., 0,39. B.

30 RUBENS (Pierre-Paul) Genre de

L'Érection de la croix.

Haut., 1,23. Larg., 1,17. T.

31 RUYSDAEL (Isaac)

Paysage boisé.

A l'orée d'une forêt de grands et beaux arbres, un vacher et un berger sont assis. Ils surveillent leur troupeau dont quelques bêtes sont couchées tandis que d'autres s'abreuvent ou pataugent dans une mare.

Signé du monogramme en bas à gauche.

Haut., 0,46. Larg., 0,62. B.

Voir reproduction.

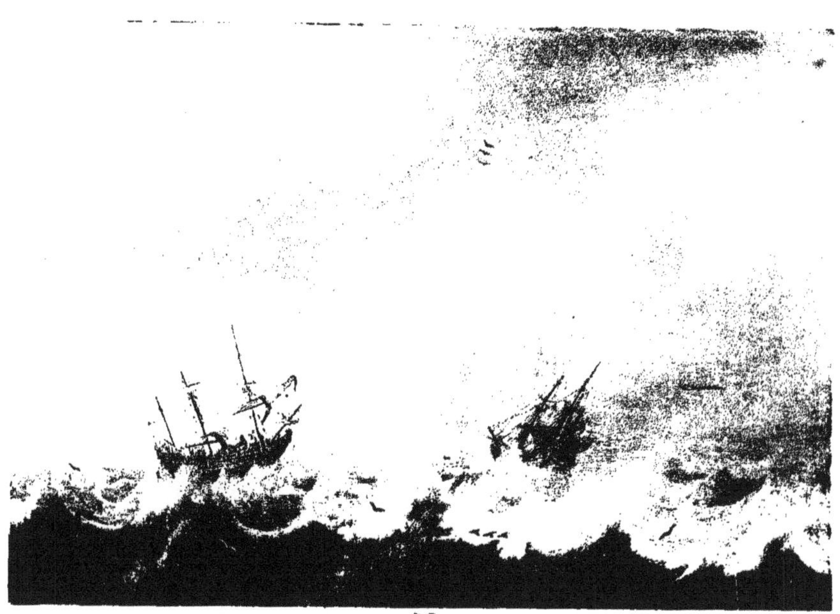

43

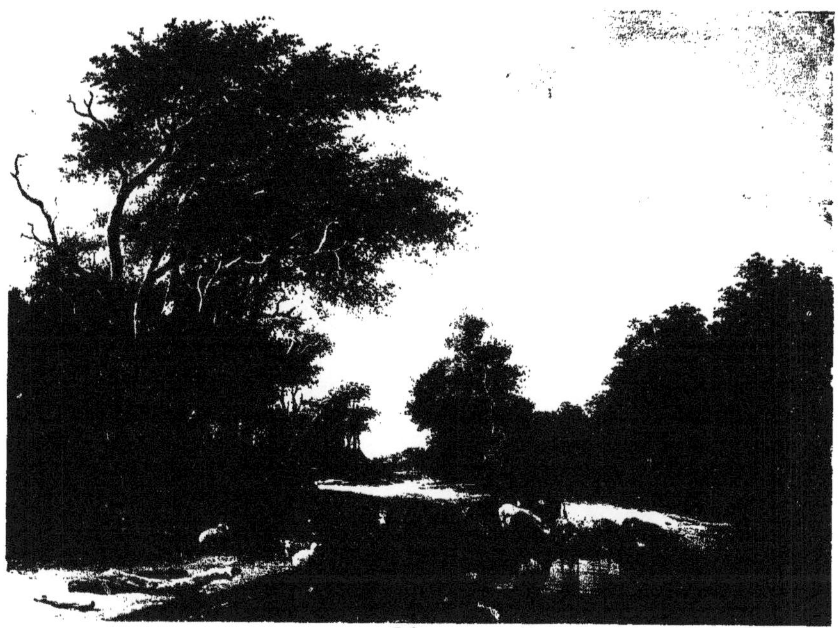

31

32 RYCKAERT (David)

Cabaret flamand.

Trois gais compères sont assis près d'un tonneau buvant chacun dans un même verre. Tous trois chantent à tue-tête. L'un d'eux se retourne vers une truie qui arrive en grognant compléter leur quatuor harmonieux. A droite, près de l'âtre, une paysanne et un petit garçon.

Signé en bas, vers la gauche : D. R. f.

Haut., 0,53. Larg., 0,78. T.

Collection Jean-Henri Beissel d'Aix-la-Chapelle, Bruxelles 1875.

33 SAVARY (Roland) Genre de

L'Arche de Noé.

Deux pendants.

Haut., 0,60. Larg., 0,94. T.

34 SCHOOR (Adrien)

La Partie de cartes.

Un jeune homme coiffé d'une toque à plume, vêtu d'une veste brune et d'un pantalon bleu, joue aux cartes avec un vieillard, assis devant lui, en costume violacé à manches rouges. Une femme placée derrière ce dernier montre au jeune homme, dans un petit miroir qu'elle tient de la main droite, le jeu de son adversaire.

Signé sur la table : A. V. Schoor 1656.

Haut., 1,00. Larg., 1,33. T.

35 SNYDERS (François)

Chasse au sanglier.

Un sanglier s'est arrêté près d'un arbre et se défend contre une meute de chiens, dont trois ont déjà mordu la poussière. A gauche, un chasseur armé d'un épieu.

Haut., 1,68. Larg., 2,40. T.

36 TENIERS (David) le jeune

Portrait de Don Juan d'Autriche.

Il est représenté dans un cartel, à mi-corps, de trois quarts à gauche, revêtu de son armure sur laquelle se détachent son écharpe, son large rabat de dentelles et ses longs cheveux tombants. Le cartel qui l'entoure est orné de têtes et de griffes de lions, et entouré de lauriers.

Haut., 0,255. Larg., 0,20. B.

Collection Edmond Paix. Douai 1887.

37 TENIERS (David) le jeune

Portrait de Philippe IV.

Il est représenté dans un cartel, à mi-corps, de trois quarts à droite, revêtu de sa cuirasse sur laquelle se détachent son rabat, ses longs cheveux et une décoration. Le cartel qui l'entoure est tenu par un lion écartelé.

Pendant du précédent.

Haut., 0,255. Larg., 0,20. B.

Collection Edmond Paix. Douai 1887.

38 TERBURG (Gérard)

Portrait de gentilhomme.

En buste, vu presque de face, longs cheveux bouclés descendant sur les épaules. Vêtu d'un pourpoint gris, large collerette à cordelière.

Ovale. Haut., 0,045. Larg., 0,035. Argent.

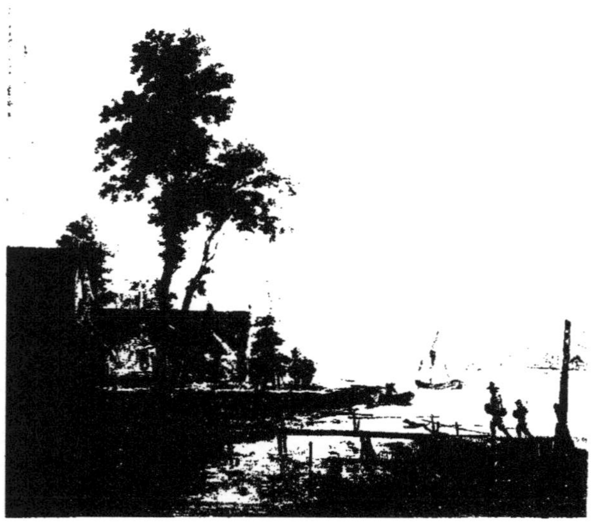
45

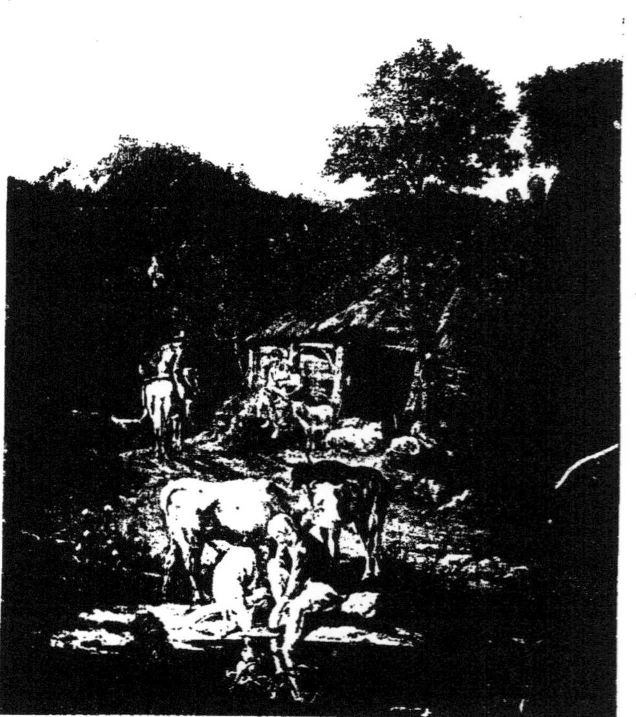
41

39 VAN ARTOIS (Jacques)

Moïse sauvé des eaux.

Au pied d'un château-fort, entouré d'eau, dans un paysage boisé, la fille de Pharaon, suivie de dames d'honneur et de deux hallebardiers, regarde un homme d'arme qui, sur la berge opposée du ruisseau, tient une corbeille dans laquelle Moïse est couché. Dans le fond, à gauche, un petit pont, une barque, des habitations et à l'horizon, une chaine de montagnes.

Haut., 1,35. Larg., 1,88. T.

40 VAN BAELEN (Jean) Genre de

Bacchanale.

Haut., 0,34. Larg., 0,44. B.

41 VAN BERGEN (Thierry)

Paysage.

Non loin d'une bergerie au toit couvert de chaume, à côté d'une brebis qui se désaltère, un pâtre se rafraichit dans l'eau claire d'un ruisseau. Derrière lui deux vaches, l'une rousse, l'autre noire. A l'entrée de la bergerie une femme est assise sur un tertre; près d'une vache, apparait un homme monté sur un cheval blanc.

Au fond, des collines verdoyantes ferment l'horizon.

Haut., 0,70. Larg., 0,53. T.

Collection J. K., esq^re^, Londres 1879.

Collection Edmond Huybrechts, Anvers 1902.

Voir reproduction.

42 VAN CRAESBEEK (Josse) Attribué à

L'Orgueil.

Un homme vêtu d'un costume brun, la tête couverte d'un béret rouge, se regarde dans une glace, pour se friser la moustache avec le tuyau de sa pipe.

Haut., 0,24. Larg., 0,18. B.

43 VANDER CROOS (Jacques)

Marine par un gros temps.

Les flots soulevés en vagues tumultueuses reflètent un ciel nuageux. Deux trois-mâts sont penchés sur les lames au-dessus desquelles volent des mouettes.

Signé en bas, à gauche sur une épave.

Haut., 0,46. Larg., 0,65. T.

Collection Baronne de Hirsch. Paris 1904.

Voir reproduction.

44 VANDER DOES (Jacques)

Animaux au pâturage.

A gauche, assise sur un tertre au pied d'un grand arbre, une paysanne, tenant son enfant, garde des moutons, une chèvre et une vache. Au premier plan, un chien couché. Fond de montagnes vivement éclairées par les rayons d'un soleil couchant.

Signé à gauche : Dr DOES.
Fecit.
LXIV.

Haut., 0,67. Larg., 0,79. B.

45 VANDER NEER (Arthur)

Le Coucher du soleil.

Le déclin du soleil couchant étend sur les premiers plans une ombre transparente tandis qu'il se reflète dans les eaux d'une rivière tranquille sur laquelle naviguent plusieurs barques.

Sur le devant est un léger pont en bois que traverse un homme suivi d'un enfant, et qui conduit à un village dont on voit les maisons, derrière un bouquet d'arbres.

Haut., 0,34. Larg , 0,32. T.

Collection Daigremont. Paris 1861.

Voir reproduction.

46 VAN HAARLEM (Corneille)

Adam et Eve.

Dans le paradis terrestre, au pied de l'arbre du bien et du mal, Eve présente à Adam une pomme qu'elle tient de la main droite. Çà et là divers animaux : chien, loup, serpent, perroquet, etc., et dans le fond un homme et une femme.

Haut., 0,34. Larg., 0,23. B.

Signé du monogramme et daté 1616 dans le coin en bas, à droite.

47 VAN DYCK (Antoine) Ecole de

Tête d'Apôtre.

Haut., 0,36. Larg., 0,27. B.

48 VAN DYCK (Antoine) Ecole de

Portrait du Président Roose.

Haut., 0,37. Larg., 0,33. T.

49 VAN LOO (Carle)

Portrait de Victor-Amédée, Roi de Portugal.

En grand costume aux couleurs éclatantes, portant les insignes de la Toison-d'Or et du Saint-Esprit, il est vu de face, le bras gauche tendu vers une table, la main droite tenant son tricorne.

Haut., 1,26. Larg., 0,90. T.

Collection de Mr C..., Paris 1901.

50 VAN THULDEN (Théodore)

Figure allégorique.

Jeune femme en riche costume, robe de brocart à corsage décolleté, un grand manteau blanc jeté sur les épaules; cheveux blonds bouclés. Elle regarde la colombe symbolique et écrit sur une banderole : Prima Ivirginis Ascendet Puella Pulchra.

Haut., 0,92. Larg. 0,73. T.

51 VÉRONÈSE (PAUL) Ecole de

Diane et Actéon.

La Déesse, vêtue d'une robe bleu clair, est assise à l'ombre d'un arbre. Elle entoure du bras droit le cou d'Actéon. Aux pieds de Diane un amour et son carquois, et à droite, les trois chiens du chasseur.

Haut., 1,48. Larg., 1,22. T.

52 ÉCOLE ALLEMANDE. XVIme siècle

Le Mont-de-Piété.

Autour d'une table sont groupés de nombreux personnages. A l'avant-plan, l'appréciateur auquel plusieurs personnes offrent en gage des bijoux, des outils, des pièces d'orfèvrerie. A sa droite, un second appréciateur muni d'une balance de précision. A côté, le payeur alignant des pièces d'or et au bout de la table, l'écrivain. Au fond, derrière lui, une femme tend les bras pour recevoir d'un employé les hardes qu'elle vient dégager.

Haut., 1,03. Larg., 1,37. B.

53 ÉCOLE FLAMANDE

Sainte Famille.

Haut., 0,98. Larg., 1,06. T.

54 ÉCOLE FLAMANDE

David devant Saül.

Haut., 0,70. Larg., 0,99. T.

55 ÉCOLE FLAMANDE

Tête du Christ.

Haut., 0,59. Larg., 0,47. T.

56 ÉCOLE FLAMANDE. XVIIme siècle

Sainte Famille.

Haut., 0,33. Larg., 0,27. T.

57 ÉCOLE FLAMANDE. XVIIme siècle

La Vierge et l'Enfant Jésus.

Haut., 0,61. Larg., 0,49. T.

58 ÉCOLE FRANÇAISE. XVIIIme siècle

Portrait d'un Chevalier de Malte, enfant.

Il est vu debout, en riche costume à broderies, face au spectateur, tenant de la main droite une canne. De la gauche, il désigne une flotte qu'on aperçoit au fond, par l'écartement d'un rideau rouge. A gauche, une partie d'armure et sur une table, à droite, un heaume à plumes blanches.

Gouache.

Haut., 0,19. Larg., 0,14.

Cadre en bois sculpté et doré. Louis XV.

59 ÉCOLE FRANÇAISE

Fin du XVIme siècle

Portrait de dame.

Le visage, au front largement découvert sous les cheveux en rouleaux maintenus aux tempes par de riches bijoux, sourit au spectateur entre les larges gaudrons d'une fraise tuyautée.

Haut., 0,195. Larg., 0,15. B.

Collection Fétis, Bruxelles 1909.

60 ÉCOLE FRANÇAISE

Sujet champêtre.

Dans un site accidenté, un berger garde son troupeau au bord d'un ruisseau dans lequel se baigne un homme. Un jeune garçon pêche à la ligne, assis à côté d'une jeune fille.

Haut., 0,65. Larg., 0,48. T.

61 ÉCOLE FRANÇAISE. XVIIIme siècle

Portrait d'homme.

Haut., 0,77. Larg., 0,61. T.

62 ÉCOLE FRANÇAISE. XVIIIme siècle

Portrait de femme.

Haut., 0,28. Larg., 0,22. T.

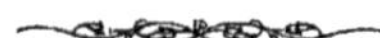

TABLEAUX MODERNES

63 BEMELMAN (W.-F.) 1850

Accessoires.

Haut., 0,51. Larg., 0,62. T.

64 BOZ (F.-J.) 1854

Ruines du Château de Hohenzollern.

Haut., 0,67. Larg., 0,97. T.

65 CERAMANO

Moutons.

Haut., 0,12. Larg., 0,21. B.

66 CHARLET (NICOLAS-TOUSSAINT)

Grenadiers de la Vieille-Garde.

Signé : Charlet.

Haut., 0,60 Larg., 0,48. T.

Vente Jourde 1881.

67 CLAYS (P.-J.)

Pleine mer.

Sous un beau ciel nuageux, deux barques de pêches voguent sur les flots écumants d'une mer agitée.

Signé à gauche, en bas : P.-J. Clays.

Haut., 0,27. Larg., 0,26. B.

68 COROT (Camille) Copie d'après

Ville d'Avray.

Haut., 0,41. Larg., 0,54. T.

69 COURBET (Gustave)

L'Aveugle.

Il est vêtu d'un veston bleu sur lequel se détache un col rabattu. La tête légèrement inclinée. Longs cheveux noirs tombant jusqu'au cou.

Signé : G. Courbet.

Haut., 0,41. Larg., 0,32. T.

70 DE BEUL (Laurent) 1871

Troupeau de moutons en prairie.

Haut., 0,54. Larg., 0,83. T.

71 DE BEUL (Laurent)

Moutons.

Esquisse.

Haut., 0,26. Larg., 0,34. B.

72 DE BLOCK (E.) 1884

Le Village.

Haut., 0,36. Larg., 0,50. T.

Vente Gustave Dejonghe 1884.

73 de BRAEKELEER (Ferdinand)

La Souris.

Haut., 0,29. Larg., 0,23. B.

74 de BRAEKELEER (Ferdinand)

Intérieur.

Esquisse.

Haut., 0,22. Larg., 0,27. B.

75 DECAMPS (A.-G.)

Jeune bohémienne.

Etude.

Haut., 0,30. Larg., 0,21. T.

76 DELEE... (A.)

Marine.

Haut., 0,38. Larg., 0,58. B.

77 DE LOOSE (B.)

La Partie de dames.

Haut., 0,85. Larg., 0,68. T.

78 DE NEEF (H.)

Fleurs.

Haut., 0,34. Larg., 0,44. B.

79 DE NOTER (DAVID) 1841

La Bonne aventure.

Dans un riche intérieur, une jeune femme dit la bonne aventure à un gentilhomme, debout près d'elle, et qui l'écoute avec attention.

Haut., 0,54. Larg., 0,43. B.

80 DE NOTER (DAVID)

Fruits et fleurs.

Haut., 0,29. Larg., 0,36. B.

81 DE SENNE (L.)

Accessoires.

Haut., 0,60. Larg., 0,75. T.

82 DE SENNE (L.)

Oranges et accessoires.

Haut., 0,20. Larg., 0,24. B.

83 DE VOS (VINCENT)

Le Retour du jardin.

Haut., 0,17. Larg., 0,23. B.

84 DUBOIS

Marine. Bateaux de pêche sortant du port d'Ostende.

Haut., 0,61. Larg., 1,08. T.

85 DUYCK (F.)

Jockey.

Deux pendants.

Haut., 0,21. Larg., 0,26. T.

86 GÄRTNER (J.)

Cascade dans le Tyrol.

Haut., 0,97. Larg., 0,71. T.

87 GENISSON (J.) 54

Intérieur de l'église Saint-Pierre à Louvain.

Haut., 0,32. Larg., 0,27. B.

88 GOSSELIN (C.)

Marine.

Haut., 0,23. Larg., 0,35. B.

89 H. B.

Paysage.

Haut., 0,31. Larg., 0,44. T.

90 HYL (M.)

Cascade.

Haut., 0,50. Larg., 0,40. T.

91 KEULLER (VITAL)

Marée montante.

Haut., 0,91. Larg., 1,39. T.

92 KOBELLE (J.-H.) 1824

Hiver.

Haut., 0,32. Larg., 0,39. T.

93 KOEKKOEK (H.-P.) 1862

Paysage.

Haut., 0,19. Larg., 0,27. B.

94 LAFORCE (J.)

Fleurs et oiseaux.

Haut., 0,45. Larg., 0,31. T.

95 LEMMEN (GEORGES)

Buste de femme.

Haut., 0,39. Larg., 0,31. Carton.

Salon de la Libre Esthétique 1903.

96 LOJACONO (F.)

Bataille.

Haut., 0,37. Larg., 0,55. T.

97 LYNEN (Amédée) 92

Auberge flamande.

Dans le couloir de l'auberge, qui mène au jardin verdoyant, la servante vue de dos, vêtue du pittoresque costume hollandais, se dirige, portant un plateau, vers une porte entrebaillée que l'on voit à gauche.

Haut., 0,90. Larg., 0,53. T.

98 MEERTS (Frans)

Buste de jeune fille.

Etude.

Haut., 0,33. Larg., 0,24. T.

99 MORELLY (J.)

Paysage d'Italie.

Haut., 0,63. Larg., 1,03. T.

100 NOTERMAN (Emmanuel) et BEET (E.)

Chasseur.

Haut., 0,60. Larg., 0,51. B.

101 NYS

Fleurs et fruits.

Haut., 0,58. Larg., 0,47. T.

102 PANTAZIS (P.)

Accessoires.

Etude.

Haut., 0,25. Larg., 0,27. Papier.

103 PAVANE (J.)

Paysage.

Haut., 0,37. Larg., 0,47. T.

104 PEETERS (F.)

Fleurs et accessoires.

Haut., 0,44. Larg., 0,30. T.

105 PRANGEY

Femme au bain.

Haut., 0,31. Larg., 0,23. B.

106 RAMIER (E.)

Canal en Hollande.

Haut., 0,15. Larg., 0,22. B.

107 REINHEIMER (M.)

La Cascade.

Haut., 0,76. Larg., 0,62. Cuivre.

108 ROUSSEAU (Th.) Genre de

Lisière de forêt.

Etude.

Haut., 0,54. Larg., 0,44. T.

109 SCKAKEWITS (J.)

Pêcheurs au bord de la mer.

Haut., 0,29. Larg., 0,50. T.

110 SISLEY

Inondation.

Signé.

Esquisse.

Haut., 0,36. Larg., 0,44. T.

111 SMITS (EUGÈNE)

Copie d'après Michel-Ange.

Haut., 0,33. Larg., 0,51. P. sur B.

Cachet de la vente Smits. Bruxelles 1913.

112 STACQUET (Henry)

Ruisseau à Calevoet.

Esquisse.

Haut., 0,39. Larg., 0,30. B.

Vente Stacquet. Bruxelles 1913.

113 STÉVENS (Alfred) 95

Marine.

Haut., 0,24. Larg., 0,185. B.

114 SWERTS (Jan) 1848

Patrie.

Cintré. Haut., 1,05. Larg., 0,88. T.

115 ter LINDEN (Félix)

Sapho.

Pensive, les bras étendus et les mains croisées, la poétesse vêtue de blanc, est assise sur le rocher de Leucade du haut duquel elle va se précipiter dans la mer que l'on aperçoit à ses pieds.

Haut., 0,59. Larg., 0,99. T.

116 TSCHAGGENY

Cheval.

Etude.

Haut., 0,48. Larg., 0,65. B.

117 VAN BREE (M.)

Flotte française attaquée par les Hollandais.

Haut., 0,44. Larg., 0,53. T.

118 VAN DAMME (F.)

Vue du canal.

Haut., 0,49. Larg., 0,69. T.

119 VAN DEN BERGHE (H.)

Bénédiction de la mer à La Panne.

Haut., 0,44. Larg., 0,89. T.

120 VAN DEN BERGHE (H.)

Marine.

Haut., 0,37. Larg., 0,68. T.

121 VAN IMSCHOOT (J.)

Arquebusier.

Haut., 0,33. Larg., 0,23. Carton.

122 VERHEYDEN (I.)

Le Verger.

Etude.

Haut., 0.34. Larg., 0,55. T.

123 VERHEYDEN (J.-F.)

Coutume du vieux temps.

Haut., 0,36. Larg., 0,44. B.

124 VERVEER (ELCHANON)

Le Retour du pêcheur.

Il porte sa fillette dans les bras. Sa femme portant un jeune enfant et accompagnée d'un garçonnet tenant un moulin de papier, le regarde en souriant.

Haut., 0,90. Larg., 1,25. T.

125 VILLARS (G.)

Venise.

Haut., 0,34. Larg., 0,44. T.

126 INCONNU

Portrait de jeune fille.

Haut., 1,26. Larg., 0,72. T.

127 INCONNU

Lièvre.

Esquisse.

Haut., 0,80. Larg., 0,50. T.

128 INCONNU

Vaches et moutons en prairie.

Haut., 0,59. Larg., 0,91. T.

129 INCONNU

Paysage.

Haut., 0,58. Larg., 0,71. T.

DESSINS, AQUARELLES, GRAVURES, ETC.

130 BILLOIN (CHARLES)

Le Joueur de serpent.

Crayon et aquarelle.

Haut., 0,32. Larg., 0,23.

131 BONINGTON (RICHARD-PARKES)

Chaumières au bord de l'eau.

Lavis.

Haut., 0,285. Larg., 0,44.

132 CALVAERT (DENIS)

La Chute des réprouvés.

Lavis.

Haut., 0,35. Larg., 0,24.

133 DE VLIEGER (SIMON)

Auberge au bord de l'eau.

Lavis.

Haut., 0,24. Larg., 0,35.

134 FRÉDÉRIC (LAURENCE)

Vieille femme à l'église.

Crayon et sanguine.

Haut., 0,22. Larg., 0,24.

135 HERREYNS (CH.) 1849

Amours.

Crayon rehaussé.

Haut., 0,20. Larg., 0,26.

Cadre en bois sculpté.

136 LAURENS (J.-P.)

La Désolée.

Signée.

Aquarelle.

Haut., 0,27. Larg., 0,20.

137 LEYS (HENRI)

La Mort d'une princesse.

Crayon et lavis.

Haut., 0,27. Larg., 0,38.

138 LEYS (HENRI)

Escarmouche.

Signé.

Lavis.

Haut., 1,75. Larg., 0,12.

139 LYNEN (AMÉDÉE) 1885

Kermesse de la Lampe.

Aquarelle.

Haut., 1,46. Larg., 0,94.

140 MILLET (JEAN-FRANÇOIS)

Bergers et moutons.

Recto et verso.

Crayon noir.

Cachet de la vente.

Haut., 0,20. Larg., 0,29.

141 RESTOUT

Baptême du Christ.

Plume.

Haut., 0,40. Larg., 0,25.

142 VERDIER (F.)

Alexandre pansé de ses blessures.

Pierre noire.

Haut., 0,25. Larg., 0,49.

143 WILLE (G.)

Tête grotesque.

Datée 1774.

Sanguine.

Haut., 0,49. Larg., 0,37.

144 WILLETTE (A.)

La Retraite de Russie.

Crayon.

Haut., 0,52. Larg., 0,72.

145 INCONNU

La Vision de Sainte Thérèse.

Lavis et gouache.

Haut., 0,33. Larg., 0,20.

Collection Charles Vander Stappen. Bruxelles 1911.

146 **Le Régiment qui passe.** Reproduction en couleurs, d'après E. Detaille.

147 **Impression** : Costume du temps de Goya.

148 **Gravure noire** par Ingouf, d'après Gérard Douw : « Le portrait de Gérard Douw ».

149 **Photographie encadrée** : Le triptyque de Memling au Musée d'Anvers.

PORCELAINES

150 **Deux vases** ovoïdes sur piédouche avec médaillon : femme dansant tenant des raisins et femme dansant tenant des cymbales. Anses ornées de têtes de sphynx en porcelaine blanche. Bruxelles. Empire.

151 **Deux moutardiers,** fleurs. Tournai bleu. Marque aux épées.

152 **Moutardier** avec **plateau,** fleurs. Tournai bleu.

153 **Assiette** creuse, bordure contournée, décor de paysage en camaïeu rose. Tournai. Marque aux épées d'or.

154 **Deux assiettes** : Saint Georges. Tournai bleu.

155 **Assiette,** bordure bleu de roi et or. Tournai.

156 **Assiette,** bordure à bande bleue inachevée. Tournai.

157 **Théière** côtelée, fleurs. Tournai bleu. Tubulure argent.

158 **Théière,** corbeille fleurie et fleurs. Tournai bleu et or. Marque à la tour d'or.

159 **Deux bustes** en biscuit : Le Baiser. Sur socle en marbre et cuivre. Louis XVI.

160 **Groupe** : La Vendange. Saxe Marcolini.

161 **Guéridon.** Pied en porcelaine de Saxe décoré de figures et de fleurs en relief. Tablette en marbre blanc avec plaque en porcelaine de Saxe : La Partie de bac, dans un encadrement en bronze doré.

162 **Garniture de cheminée** : pendule et deux candélabres à six lumières, en porcelaine de Saxe, ornés de figures de femmes, guerriers, enfants, amours et fleurs en relief.

163 **Plat** creux : fleurs et poissons. Japon polychrome. Fracturé.

164 **Deux pots.** Chine bleu. Surlaqué.

165 **Statuette** : L'Hiver. Vienne.

166 **Boîte.** Capo di Monte.

167 **Saladier.** Chine moderne.

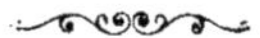

FAÏENCES

168 **Plat,** décor de fleurs et figures. Delft bleu.

169 **Deux plats** entièrement décorés de fleurs et feuillages. Delft bleu. Marque de Cornelis de Keyzer.

170 **Chien** assis. Delft bleu.

171 **Tableau** représentant un paon formé de six carreaux, décor manganèse. Delft.

172 **Potiche.** Delft bleu, surlaquée. Haut., 0,34.

173 **Deux vasques** en faïence polychrome.

174 **Vase,** décor de fleurs en relief.

175 **Deux pots,** décor bleu. Faïence italienne.

BRONZES, CUIVRES, FERS

176 **Garniture de cheminée** en bronze doré : pendule « Allégorie de l'amour » et deux flambeaux : Amour tenant le luminaire. Empire.

177 **Pendule** en bronze doré : La Nuit. Chiesbreght à Bruxelles. Empire.

178 **Pendule** en bronze doré et bronze vert : Amour. Pignot père à Paris. Empire.

179 **Pendule** en bronze vert et bronze doré. Mercure Empire.

180 **Pendule** en bronze brun, bronze doré et marbre : Guerrier. Empire.

181 **Pendule** en bronze doré et bronze patiné : Hercule assis. Empire.

182 **Pendule** en bronze doré et bronze patiné : Actéon. Empire.

183 **Petite pendule** en bronze doré. Bergmiller à Paris. Empire.

184 **Surtout de table** en bronze doré composé de : deux candélabres à sept lumières, une pièce de milieu en porcelaine du Japon et bronze, dix bouts de table et six salières doubles.

185 **Garniture de cheminée,** pendule et deux candélabres à six lumières en bronze brun et bronze doré, ornés de figures et d'amours.

186 **Masque de Napoléon Ier** en bronze.

187 **Plat** en cuivre gothique, au centre, rosace et inscription, bordure à ornements poinçonnés.

188 **Plat** du même genre.

189 **Quatre plaques** en cuivre rouge repoussé et doré, ayant servi à orner une croix. Elles représentent le Christ, la Vierge et deux anges. XIVme siècle.

190 **Boîte à tabac** en cuivre, décorée de portraits et des victoires de Maximilien.

191 **Seau** en cuivre rouge.

192 **Paire de petits porte-cierge** gothiques, en cuivre et **une verseuse** en cuivre.

193 **Porte-cierge** en fer forgé à trois rangs circulaires. XVme siècle.
Haut., 1,80.

194 **Pied de lumière** en fer forgé. XVIme siècle.
Haut., 1,20.

195 **Statuette de guerrier** en plomb.

196 **Trois targettes** gothiques en fer : initiales.

197 **Lustre** en cuivre à douze branches garni de boules en verre soufflé.

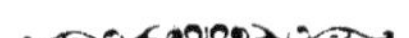

OBJETS VARIÉS

198 **Deux réchauds** à trois pieds en argent, galerie ajourée.
Poids brut : 600 gram.

199 **Quatre candélabres** à six lumières en métal (Christofle). Style Louis XVI.

200 **Coffret** gothique en cuir, armatures en fer.

201 **Eventail.** Feuille : Vues de Rome ancienne.

202 **Statuette** en terre artistique : Andromède. Jacques De Haen.

203 **Plâtre** original de Fraikin : Baigneuse. Haut., 0,38.

204 **Bas-relief** en plâtre peint : Fumeurs et buveurs.

205 **Console** en marbre. Louis XV.

206 **Brique de foyer** en terre cuite.

207 **Petite cruche** miniature en grès.

208 **Dentelle** : encadrement de cheminée. Ancien point de Milan à brides. Haut., 0,23. Long., 2,00.

CRISTAUX, VERRES

209 **Milieu de table** en cristal.

210 **Compotier** en cristal.

211 **Deux coupes à fruits** en cristal.

212 **Deux coupes à fruits** en cristal. Plus petites.

213 **Quatorze verres** à pied, varia. Verre liégeois.

214 **Cinq verres** à pied, varia, coupe évasée. Verre liégeois.

215 **Quatre verres** à pied, varia, coupe évasée, tige rubanée. Verre liégeois.

216 **Quatre verres** à pied, varia. Verre liégeois.

217 **Cinq verres** à pied, varia. Verre liégeois.

218 **Six gobelets** côtelés, varia. Verre liégeois.

219 **Deux huiliers.** Verre liégeois.

220 **Beurrier** idem.

221 **Tonnelet** idem.

222 **Plateau** idem.

223 **Deux verres** à pied, varia, gravés.

224 **Trois gobelets,** varia, verre et cristal gravés.

BOIS SCULPTÉS

225 **Quatre panneaux** en chêne, ornés d'arabesques. Epoque gothique. Haut., 0,54. Larg., 0,30.

226 **Panneau** en chêne, orné de sarments de vigne et de raisins. Epoque gothique. Restauration.
Haut., 0,53. Larg., 0,20.

227 **Panneau** en chêne, orné de feuilles. Epoque gothique.
Haut., 0,50. Larg., 0,20.

228 **Deux panneaux** normands en chêne, de différents décors. Epoque gothique. Haut., 0,45. Larg., 0,20.

229 **Huit colonnettes** en chêne, ornées de feuilles d'acanthe et d'une bague ajourée. Epoque gothique. Haut., 0,95.

230 **Boîte à épices.** Travail liégeois. XVIIIme siècle.

231 **Statuette** en bois peint : La Vierge en prière. XVIIme siècle.
Haut., 1,30.

232 **Statuette** en chêne : Dame.

233 **Trois pions de jeux** : Bustes de souverains.

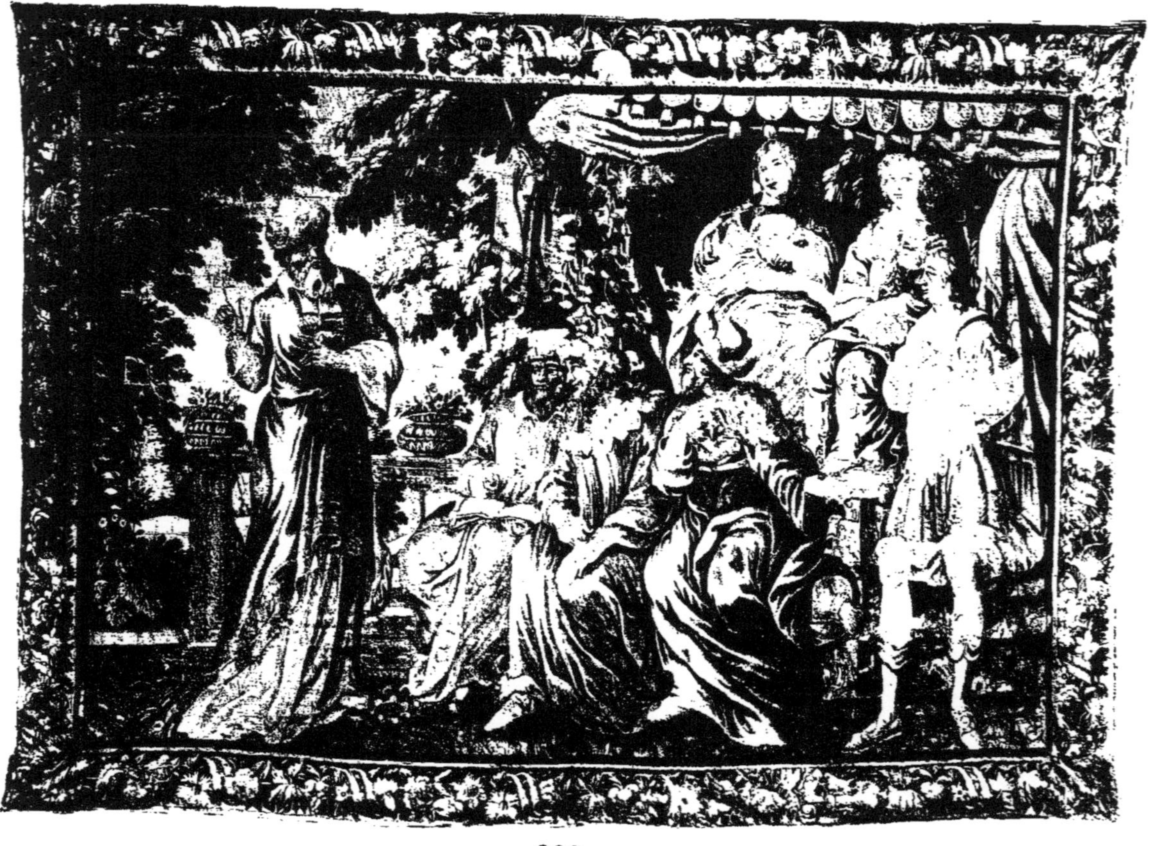

234

TAPISSERIES

234 **Tapisserie flamande** représentant un paysage avec sujet à sept personnages.

Bordure à fleurs et feuillages.

XVIIme siècle.

Haut., 2,80. Larg., 3,90.

Voir reproduction.

235 **Tapisserie flamande,** sujet : Samson et Dalila. Composition à onze personnages sur un riche péristyle, encadré de deux colonnes entourées de guirlandes de fleurs et de fruits.

XVIIme siècle.

Haut., 2,72. Larg.. 4,42.

236 **Tapisserie flamande,** paysage avec sujet à quatre personnages au centre ; dans le fond, à droite, une pyramide, et à gauche, des guerriers allumant un bûcher.

Bordure à fleurs et feuillages.

XVIIme siècle.

Haut., 2,87. Larg., 2,87.

Elle est appliquée sur une portière en peluche bleue.

237 **Deux tapisseries flamandes.** Au centre, un écusson avec nombreuses armoiries. Bordure décorée d'attributs, armes, casques et parties d'armures.

XVIme-XVIIme siècle.

Haut., 2,38. Larg., 2,44.
Haut., 2,44. Larg., 2,38.

MEUBLES

238 **Buffet** en chêne à quatre portes, deux grandes dans le bas, au-dessus deux oblongues ornées chacune d'un bas-relief sculpté à rinceaux et anges. Renaissance flamande.

Haut., 1,40. Larg., 1,40. Prof., 0,60.

239 **Commode** en chêne à trois tiroirs sculptés de moulures, perles et rosaces. Tirants en cuivre entourés de moulures. Epoque Louis XVI.

Haut., 0,90. Larg., 1,30. Prof. 0.64.

240 **Table** en chêne sculpté à quatre pieds réunis par des traverses. XVIme siècle.

Haut., 0,78. Long., 1,07. Larg., 0,78.

241 **Six chaises** en bois sculpté et peint blanc. Dossier médaillon. Siège et dossier cannés. Epoque Louis XVI.

242 **Table de nuit** à un tiroir en acajou. Tablette en marbre. Epoque Louis XVI.

243 **Table** en bois noirci et cuivre. Tablette en mosaïque : médaillon, oiseau dans un parc, fleurs, ornements et coquillages. Tablette endommagée.

Haut., 0,79. Long., 1,18. Larg., 0,87.

244 **Chaise** de l'époque Rubens, garnie de cuir et cloutée de cuivre.

245 **Chaise** de l'époque Rubens, garnie de velours et cloutée de cuivre.

246 **Chaise** idem.

247 **Chaise** flamande à haut dossier sculpté, siège paillé. XVIIIe siècle.

248 **Cheminée** en marbre blanc, ornée de montants, de plaques oblongues et de médaillons ovales en porcelaine de Saxe, à décor de sujets champêtres. Encadrements et ornements en bronze doré.

249 **Six cadres.**

www.ingramcontent.com/pod-product-compliance
Ingram Content Group UK Ltd.
Pitfield, Milton Keynes, MK11 3LW, UK
UKHW022130260726
13993UKWH00003B/1349

9 782329 512549